JN441178

한때는 사랑이었어라

장명자 시집

계간문예

한때는 사랑이었어라

시인의 말

국민(초등)학교 3학년(9살) 때 국군아저씨에게 편지 쓰는 시간이 있었습니다.

친구들은 편지 쓰기가 싫다고 해서 내가 거의 다 써 주었습니다.

그 당시 나는 소설가가 되고 싶다는 막연한 생각에 밤새워 책을 많이 읽었습니다.

40대에 크리스천 라이프 잡지 기자로

60대에 실버넷 뉴스 기자로 많은 기사를 취재했습니다.

기사를 쓰며 은근하게 문학에 대한 그리움이

내 가슴을 꽉 채워 글에게 사랑을 고백하게 되었습니다.

"글아, 너 정말 사랑해"

노원문인협회 아카데미에서 차근차근 공부하니 정말 행복했습니다.

공광규 선생님의 가르침에 힘입어 더 열심히 공부합니다.

시 공부를 한 번도 해본 적 없었기에 시 세계에 빠지고 말았습니다.

한 알의 씨앗이 토양에 떨어져 물을 만나 생명의 싹을 탄생시켰습니다.

연약한 새싹을 보살핌과 이끌어 주시는 이웃과 선배님들께 감사드립니다.

아직은 미력하지만 열심히 해 보겠습니다.

77년 만에 내 소원이 이루어진 멋진 날입니다.

2025년 초여름

장명자

■ 차례

제2부 밤

제3부 그대 생각

제4부 행복의 빛

제1부

들꽃 창가

들꽃 창가

어둠이 내리는 고속도로
이정표 없이
마음 내키는 대로 달린다

들꽃
화려하고 예쁜 전등 불빛에
나방이처럼
빨려 들어간 곳

적막감과 고요함이
쏟아지는 창가에
평화로움 깃든다

따끈한 커피 한 잔 속에
행복이 나래를 핀다

굴참나무

구름과 손잡고 논다고
키 자랑하는 너
잎은 계란형 서로 어긋나게 태어나지

봄엔 새로운 가지로
수꽃은 어린 가지 밑으로
암꽃은 겨드랑이에 붙어 위를 보고 있지

여름엔 사랑의 열매 맺어
예쁜 아가 출생

껍질은 두껍고 부드러워
손으로 누르면
폭신폭신

아득한 옛날엔
굴피 지붕 만들어
한 가정의 행복한 웃음소리

와인 코르크 병마개 딸 때마다

너의 너그러운 사랑이
가슴에 와락 안겨준다

코스모스

한들한들 가는 허리
멋쟁이 바람과 함께
춤을 추는 코스모스

연지 찍고
빨간 입술
하얀 분칠 한 코스모스

우리 집 화단 가을이 오면
네 허리와 얼굴에
입술에 취해 산다

비둘기 한 쌍

아침 햇살이
창가에 소풍 와 미소 띤다
나도 예쁘게 웃어 주었다

사르륵 풀잎 소리에 실려
비둘기 손님이 왔다

솜사탕 흰 구름 속을 뚫고
친구 찾아온 한 마리 비둘기가
살포시 앉는다

서로 마주 보고
몸도 비비며
보석처럼 찬란한 눈빛을 나누며
입맞춤 한다

순간 외로움 이
왈칵 몰려온다

물개바위

벽운 계곡을 이어지는 숲길 지나
좁은 돌계단 오르면
훤칠한 미남 바위

봄 향기 가득 안은 바람
산새들 아름다운 멜로디에
예쁜 웃음 짓는다

여름 소나기
매끈매끈한 몸매 자랑
다람쥐 청설모
쉼터 내어주고

가을 오색찬란한
단풍으로 왕관 쓰고
산속 친구 모아 잔치 벌인다

겨울 흰옷 입고
수염에 고드름 달고
의젓한 동장군으로 군림하는

사계절 세월 속에
수락산을 품어주는
물개 바위

암수 매미

수컷 매미는
입추가 지나면 더 정열적으로 운다

빨리 짝을 만나
이승에서 사랑을 나누고
떠나야 하기 때문에

방충망에 매달린 매미
테너 목소리로
최선을 다해 부르는 세레나데

매미 한 마리
나비처럼 훨훨
테너 목소리 옆으로 살며시 오니

울음소리 뚝
화단에 나가보니
땅에 떨어져 등을 보이고 죽어 있는
수컷 매미

내가 사는 집으로
찾아온 암수 매미는

어쩌면 사랑해서 만나
사랑하다 먼저 떠나간
남편과 나일지도 모른다

바위 그릇

수락산 벽운교 옆
엄마의 마음 닮은
큰 그릇이 있다

봄이 온 듯 파릇파릇
목화솜 같이
보들보들
이끼들이 옹기종기 모여

개미의 삶 이어지는
알을 낳아 부드러운 솜이불
이끼를 덮어 보살펴 준다

까마귀 까치 산새들
날아다니다가
바위틈에 고여 있는

옹달샘에 목마름 잊고
넓은 바위에 앉아
따사로운 햇살과

입맞춤한다

이 보다 더 아름다운 사랑
큰 그릇이 있을까

봄 여름 가을 겨울

봄 살구꽃 예쁘고
길모퉁이 양지쪽에
올망졸망 보라색 남산제비꽃

여름 나리꽃 산딸기 찔레꽃
등산로 초입엔 초롱꽃 향기 날리고
산수국도 무리 지어 피어나고

가을 찬 공기 싣고
바람 부는 언덕
산등성에 단풍잎을 바라보며 피는 국화

겨울 앙상한 나무 가지에
하얀 이팝나무가
활짝 피어난다

계절 따라 피는
꽃과 나무는
벌과 나비와 산새들을 초대한다

개구리

올챙이 아가들
우리 집으로 이사 왔다
뒷다리가 쑤 ~~욱
2주 후 앞다리가 쑤~~욱
잘 먹던 상추를 외면한다

"난 이제 다 컸어요"
뽐내는 것 같다
작은 돌 위에 앉아
푸~~욱 푸~~욱
숨 쉬고 있다

꼬리에 영양분이 있어
개구리가 될 동안
먹이를 먹지 않는다

꼬리가 쏘옥 쏘옥
없어지고 있는
꼬맹이 개구리
이제는 수락산
계곡으로 보내야겠다

애기똥풀

수락산 올라가면
양쪽 길옆에
노랑꽃이 무리 지어 피어난다

줄기를 자르면
노란 액체가 흐른다
마치 아가들의 응가색 애기똥풀이다

얘들아 발라볼까
귀여운 손들이 옹기종기 모여든다

하얀 손톱이
노랗게 물 들여간다

설악초

하계동 복지관 가는 길 화단
눈이 내린 듯
설악초 한 무더기 자라고 있다

꽃이면서도
꽃이 아닌 것처럼 보이는

순수함이 묻어나는
여름에 볼 수 있는
설악초

꽃이 피면
서서히 가을을 선물한다

그곳에 가고 싶다

초가지붕 위 주렁주렁 박 열리고
처마 밑에는 평화로운 제비 한 가족

뒷동산에는 마을 지켜주는
신갈나무 한 그루 삶의 여유를 베푸는 휴식처

맑디맑은 실개천에는
피라미 떼 지어 소꿉장난하고

여름밤이면
화려한 드레스 입고 무도회를 여는 반딧불

어스름한 달빛에
하얀 속살 나풀거리며
온몸을 내맡겼던
집 앞 냇가

창호지 넘어 새벽이 물들기 시작하면
합창단이 된 새들의 아름다운 멜로디

아궁이 속 장작들이 수다를 떨다 사그라질 즈음
무쇠 솥의 밥

뜸이 들고 도란도란 밥상에 모여
하루의 행복을 수놓던 그곳

그곳에 가고 싶다

을왕리

사랑을 나누며
떼 지어 나르는
갈매기
을왕리의 푸른 파도

일렁이는 파도가
가슴 깊이 파고 든다
흰 거품에 모든 것 걸고
삶의 고통 환희
텅 빈 머리는 하얗게

솔솔 부는 가을 해변
맨 발로 걸어보자
여인의 유방처럼
부드러운 모래밭

뒤 돌아보니
발자국 점점
멀어져 가고
시간은 가면 그만인 것을

사랑하자 아주
멋지게
후회하지 않을 사랑을

일렁이는 파도가
나에게 갈매기 떼
사랑을 안겨 주리라

바람에 실려

친구들과 한강에 나가
버드나무 아래 앉아 있었다

나를 유혹하는 바람
그 바람결에
나의 조그마한 마음 한 조각
실려 보낸다

깊은 가슴속
심장에 새겨지는
장미의 핏 빛처럼
진한 사랑의 이야기를
실려 보낸다

터질 듯 터질 듯한
열정을 가다듬고
살며시 그 주위를 맴돌며
불어오는 바람결에

제2부

밤

밤

그리움이 짙은 밤입니다

별빛 하나 없는
얄미운 하늘

그래도
풀 향기 폴폴 나는
사랑할 수 있는 밤이기도 합니다

잡힐 듯 잡히지 않는
사랑의 영상 속에
내 마음

사로잡히는 밤입니다

그대의 가방 속에

연초록 잎이 춤을 춘다
사랑하는 연인들을
초대하느라고

그와 함께
눈빛만 보아도
사랑함이
넘쳐흐름은 나비와 벌

꽃샘을 찾아 방랑의
여행자임을 알듯 그이의 손짓
하나에도 꿈과 희망과 사랑이
묻어있음을

따스한 연애 시절
내 가방 속에 넣고
어디든지 같이 가고
싶다고 했던 그

행복의 짜릿한 멋을

느낄 수 있어
숨 쉬는 동안 내내
삶의 수치가 높아 갔다

반딧불 사랑

한숨은 고통의 문을 열지만
머나먼 길을 휘돌아 오면
희망의 등불이 밝혀질 것이다

새롭게 타오르는
불꽃은 쉽사리
꺼지지 않을 것이다

그리워할 수 있는
인연을 만날 수 있다는 것은
그리 쉬운 일이 아닐지라도

날개 달고 훨훨 달려가리라
지금은 어두운 밤이지만
반딧불처럼 촉수를 밝히며

나를 지켜본다

운무가 자욱한
수락산이
나를 부른다

나무들이 줄지어
환영의 손짓한다

어쩌다 힘들게 남아있는
단풍으로 물든 잎 새

그 속에
내 그리움이
담겨 있다

먼 하늘에서
남편이 웃으며 지켜본다

한 걸음 한 걸음
조심하라고

빨간 립스틱 여자

아네모네의 슬픈 사랑
플로라의 질투로 인하여
한 송이 아네모네로 변한 여자

그래도
제패로스의 뜨거운 사랑에
행복했던 빨간 립스틱의 여자

사랑의 괴로움에
더욱 사랑의 불길을 일게 한
아름다운 여자

한 송이 꽃으로 핀
아네모네
빨간 립스틱의 여자

찻잔 속의 비

빗소리에 묻혀 오는
예쁜 이름
사랑이어라

비바람 소리에 들려오는
쓸쓸한 외로움이
와락 휘감겨 온다

흐느적거리며
쏟아지는 비는
그리움을 토해낸다

감당 못할
이 감성의 문을
활짝 열어젖혀 버릴까

따뜻한 차 한 잔
빗소리에 들뜬
내 마음을 붙잡을 수 있을까

돈벌레

어렸을 때
무척 무섭고 징그럽던 돈벌레
정확한 이름은
그리마라고 한다

빠르고 30개 넘는 발과
독니를 가지고 있어
사무실이나 집안의 바퀴 벌레와
모기 파리 해충의 알을 먹는다

부잣집의 따뜻한
보일러가 있는 곳에 살던
돈벌레

돈벌레를 죽이면
복이 날아간다
돈이 날아간다는
생각 때문에

부자가 되고 싶은

서민들의 작은 마음이나
미신의 표현이었을 것이다

집안에 돈벌레가 들어왔을 땐
문을 열고 살살
밖으로 나갈 수 있도록 배려했다

산새의 쉼터

작은 씨앗
땅속에서 생명이 움트고
햇살의 지극한 정성에
미소 지으며 새싹이 되고

하늘에서 주는
빗물의 선물로
발돋움하고
쑥쑥 성장해 잎들을 껴안고

부드러운 사랑에
물들어
짙푸른 큰 나무
소중한 존재로 우뚝 서

배려하는 마음
산새들 쉼터가 되어준다

구름

하늘에 흰 구름이
파란 캔버스에
하트를 그린다

잔잔한
미소 짓는 그가
얼핏 보인다

손이 닿을 듯
하나
마음뿐인 걸

아하
내 가슴에
그려준 사랑인가 봐

별

하늘에 별 하나를
나에게 선물했지요

그 별 사라질까 봐
부서질까 봐
가만히 만져보고
가슴에도 품어 보고

금이 갈 새라
마음조리며
내 품에 품었지요

그 별의 손
나의 손 마주 잡고
푸른 들판 달렸지요

밤이 멀리 도망갈까 봐
별도 함께 가 버릴까 봐
잠도 못 이루었지요

이 밤이 새지 말았으면
별이 나와 함께 하기를
두 손 모아 기도했지요

따끈한 커피 한 잔

수락산역에서 출발
논현역에서 신분당선으로 갈아탔다
비가 많이 와
맨발에 발가락 신을 신었다

전철 안이 추울 것 같아
재킷 입고
긴 팔 블라우스 입었다

여섯 정거장에서
춥기 시작했다
한 시간 넘게 떨다가
정자역에 도착

아늑한 커피숍에서
빨려 들려가듯
아메리카노 한 잔
따뜻하고 행복했다

숨바꼭질

흰 구름과 햇님이
숨바꼭질 한다
해님이 구름 속으로 숨는다

구름아 나 찾아봐라

멈칫 하는 구름을 피해
까르르 웃음을 흘리며
예쁜 얼굴 내미는 해님

해님아, 나 찾아봐라

몽글몽글 솜사탕
깜쪽같이 사라졌다
호호호 웃으며 해님 뒤로 숨는다

사랑하는 이여

사랑하는 이여
저 푸른 하늘을 보세요
빨간 정열의 하트가 보이지 않나요
구름도
그 정열 앞에 비껴가기만 할 거에요

사랑하는 이여
짙은 향을 풍기는
이 마음의 꽃이 보이지 않나요
나비와 벌도
감히 접근 하지 못할 거예요

사랑하는 이여
밤하늘의 잔 별 들을
그중에 유난히 빛나는 두 별이
행복의 미소 속에
갇힌 것이 보이지 않나요

402호 할머니

아파트 엘리베이터 앞에서
할머니 한 분
이게 맞아 한참 망설이고

고개를 살래살래 흔들며
오래 동안 고민하시다
엘리베이터를 타신다

너무 가슴 아프다
작년만 해도
똘똘하셨던 분
모든 것에 자신이 없어 보이는 모습

402호 할머니
나도 몇 년 후면 그렇게 될지도 몰라
나 자신을 보는 것 같아
너무 슬프다

산다는 것
자신 있게 당당하게
살아야 하는데

제3부

그대 생각

그대 생각

삭풍 끝에 들리는 겨울 숨소리
그리움에 온몸 떨림은
검은 그림자 안에 감추었다

겨울밤 별빛
유난히 반짝이며
쓸쓸함을 안겨준다

그대
생각에 가슴 설레임
어떻게 묻어 버릴까

오늘 밤도
그리움 마르지 않아
샘솟는 이슬

명자꽃

여름밤
바람이 온몸으로
스며든다

무딘 몸속에
아롱아롱 아지랑이
피어오른다

숨어 있던 사랑이
산수유와 함께
그림을 그린다

수줍은 꽃 속에
벌 나비
멋진 유혹이 숨겨 있을 줄

명자꽃도
빨갛게 정열을 품고
도발한다

설중매

눈 속에 피어난 빨간 꽃
눈부신 열정에
도톰한 꽃 잎

설중매
짙은 사랑 토해내는
요염한 자태

가슴속에 묻어둔
내 사랑
핏빛 같은 꽃잎

봄밤

하루의 일과가 끝난
늦은 밤
아파트 골목을 걷는다

흐느적흐느적
봄바람에
떨어진 낙엽

낙엽이 몸부림치며
떠나가기를 거부하듯
슬픈 소리로 울고 있다

사람들도
마지막 생을 마감하려면
진땀을 흘려야만 한다

한 많은 아니
기쁘고 슬펐던 것들
내려놓기가 아쉬워

소리 없는
울음으로 세상을
등 뒤로 한다

사랑이어라

서로를 알아가는
시간
느낌이 있을 땐
하나가 되는 것

눈비가 와도
마음은
통하는 것이라고
더 하기도 빼기도
긴 세월에
가슴 깊이 맺어 온 삶

하나하나가
연결되어
쉽지도 않은 것을
채워지지만
그것을 뚫고 나가는 힘

사랑이어라

사진첩을 정리하며

사진첩을 정리하며
추억도 한 장 한 장
내 손으로 찍는다

긴 세월만큼
버리기도 시간이
많이 흐른다

어마, 이 사진
큰 아들 YWCA 유치원
소풍 갔을 때 찍었던
귀엽고 예쁜 모습

내 추억은 여기서
머무는데
아들은 벌써 60살이 되었다

남기고 싶은
이 한 장의 빛바랜 사진이
나를 위로한다

숲속 숨소리

숲속 카페 창가에 놓인
안시리움 미소 지으며
모든 고통을 참고
빨간 꽃을 피워 올린다

사랑은 주고받는 것
쉬운 일 아닌가 봐
진정한 사랑은
한없이 주고
또 주어야 하는데

고운 빛소리에
녹색 향기 뿜어주는
숲 속 숨소리
내 작은 가슴으로
안아 본다

일곱 잔의 이유

삼겹살 노릇노릇 굽고
뽕나무 잎 볶아 놓고
꽈리고추에 말린 홍합 넣어 조림하고
맛깔스럽게 익은 깍두기

막 밥솥에서 나온 밥 한 공기
그리고 나의 친구 처음처럼

첫 잔은 슬픔에
둘째 잔은 진한 그리움에
셋째 잔은 하루의 힘들었음과 허전함에 마셨다

넷째 잔은 너그러움으로
다섯째 잔은 용서를
여섯째 잔은 웃음으로
일곱째 잔은 이해와 사랑으로 마셨다

소중한 하루를 일곱 잔 속에 갈무리하는
이 순간 기쁨과 슬픔
다 한 통속이다

하늘 여행

제주도 도착해 하룻밤 자고

행글라이더 타기 위해
높은 산을 향해 차에 몸을 실었다

이렇게 높은 곳에서
어떻게 비행을 할 수 있을까

두려움 반
설렘 반

내 생애에 다시 기회가 없는 것 같아
내딛는 발길이 가볍다

행글라이더 타고
발끝으로 확 밀어 비행을 했다

표현하기 힘든
풍경이 눈앞에 보인다

푸른 숲 흘러내리는 강물
오밀조밀 예쁜 집들

구름과 친구가 되고
나는 새

난 행복의 포로가 된 것 같다

파랑새의 꿈

봄이
온몸을 휘감으니
나를 잊어버렸다

삶의 열정이
사르르 다가오는 것 같다

사랑이랄까

행복의 도가니 속에
사로잡히니
아름다움에 취해
싹트기 시작 했다

마음속에
심장이 팔딱팔딱

비 내리는 날

가슴이 벅차오르는 날
레인코트 자락에
사랑을 감추고

아스팔트를 걸어요
따스한 당신의 가슴을 안고

숨겨진 비밀스러운
이야기를
소곤소곤

비는 계속 내려요
뜨거운 정열이
솟아오르는 날

기다림

기다림
마음 설레기도 하고
불안한 가슴이기도 하고

기다림
그리움을 부풀려
짜릿한 기분이 되기도 하고

기다림
삶의 근원이며
죽음의 길이기도 하다

새벽길을 걸었다

새벽하늘에
빛나는 별 하나
유난히 반짝인다

내 님
향기로움 내뿜는
그 입술에
입맞춤하고 싶어

그 별빛 아래
종종걸음 하며
내 마음을 별에게

내 마음
읽을 수 있을까

새벽길
그리움 안고 걸었다

그리움

그리움
먼 곳에서
손짓한다 나에게

손 내밀면
금방 잡힐 듯
사라져 버려
가슴을 아프게 하고

창가 달빛
유리창을 비집고
내 빈 곳에 안주
다소곳 밀려오는

사랑의 종소리에
순간 마음을 빼앗겨
내 마음 은 여전히
달빛에 흐른다

제4부

행복의 빛

행복의 빛

와인 잔 속에
사랑이 한가득
한두 방울
하늘을 향해 높이 올라간다

빈 마음에
행복의 빛 포근히 감싸
사랑의 포로가 되어
무쇠도 녹일 불길로 변한다

레드 와인
핏 빛보다 더 진한
큐피드 화살이
내 심장에 잠들어 버린다

내 옆에 아무도 없어

나무 잎 새는 비를 즐기고 있어요
예전엔 빗소리에 낭만을 담았지요
외로움도 즐길 줄 알아야 한다며

수락산 아무도 오르지 않아
적막이 감도는 허전한 길
비는 여전히 내리고

"너는 혼자가 아니야"
난 나에게 말하고
비에 젖은 마음 달래며
맥주 한 잔 마셔요

참았던 눈물 주르륵
왠지 마음 아파
내 옆에 아무도 없어
엉엉 울고 있는 나

지갑 속에 간직한
별님의 사진을 꺼내 보아요

웃고 있는 멋진 얼굴
그러나 내 옆에 아무도 없어

엄마의 선물

항상 미소 띤
아름다웠던 엄마
한 번도 나무람하시지 않았던
엄마의 큰 사랑

스무 살 되던 해
"명자야, 이 옥 반지 팔찌 선물할게"
그때는 귀한 줄 모르고
잘 간직하고 있었다

내가 결혼하고
삼 남매 짝지어 떠나보낸 후
엄마 손가락과 손목 냄새가 풍기는
옥 반지와 팔찌를 끼워 본다

65년이나 내 품에서
잠재웠던
엄마가 보고 싶고 그리울 땐
나에게 큰 위안이 된 선물

삶

세월의 시간이 흐름에 따라
그리움도 묻혀 버린다

혼자서 못 살 것 같았던
나날 들 잘 버티어 간다

한 줌의 바람으로
스쳐가는 삶

지금 난 어느 곳에 와 있을까
불꽃을 지피기 위해
장작을 준비하고 있을지도 모른다

고무나무

주민센터에서
어르신에게 고무나무 화분 만들어
한 그루씩 나누어 드렸다

봉사하러 간
나도 화분 하나 가지고 와

봄이 오면 노란 산수유 꽃
향기가 살금살금 다가와
잘 자라, 나무야

여름엔 비에 젖은 소나무 짙은 냄새
바람에 실려와
고마워, 잘 커주어서

가을엔 붉게 타오르는
낙엽들의 합창으로
어마, 많이 컸네

겨울엔 반짝이는 하얀 눈들

옹기종기 모여
나무야, 춥지만 참아줘

한 뼘 밖에 되지 않았던 고무나무
지금은 내 키보다 훨씬 컸다
수락산 자연 바람
예쁜 햇살 때문이다

빗방울

잿빛 하늘이 울고 있어요
사랑하는 이
보고 싶어

가슴 활짝 열어
그 비를 맞아 볼까요
사랑의 밀어가
촉촉하게

창가엔
빗방울이 음표가 되어
아름다운 멜로디를
만들어 내고

잎을 떠나보낸
나뭇가지 위 홍시
하나
서러워 울고 있어요

동치미

겨울이 오면
동치미를 담근다

무를 켜켜이 놓고
소금을 솔솔 뿌린다

며칠 지나면
톡 쏘는 맛
사이다 맛

마음이 답답할 때
동치미 국수 한 사발

겨울의 맛
동치미 맛이다

상사화

봄에 잎이 자라고
여름에 시들어
잎을 다 떠나보낸 후

붉은색 흰색 노란색
다양한
멋진 꽃들이 핀다

이루어질 수 없는
사랑 안고
슬픔에 젖어

서로 생각하고
그리워하기만 하는
상사화

시월의 밤

시월의 밤은 깊어 만 간다
그리웠던 사람
마음만이라도 안고 싶었다

그냥 그대로
시월의 밤은 가버렸다

희미한 초승달이
위로하고
은행잎이 나를 안아 주었다

낙엽 길
하염없이 걸었다

촉촉이 젖어 오는 눈물
귀뚜라미 짝을 부르며
슬피 우는 길

그리움이 먹물 되어

소녀가 되어 버린 여인
모든 것 다 잊고
현실을 사랑하고 싶은 그녀

하늘 위 구름에
웃고 울며 여린 가슴 안고
그리움이 먹물 되어

지친 여인의 영혼
잠재울 수 있는
그곳은 어디일까

거품을 안고 있는
맥주잔 속에
씁쓸한 소주잔 속에

내 쉴 곳은 어디에도 없다

수채화 속 그대

날리는 눈은
아스팔트 수놓으며
한 폭의 수채화를 그리고 있다

가슴에 새겨진
그이의 마음을 수채화 속에
그리고 파

사랑한다
그리워한다
보고 싶다

달빛은

달빛에 걸친 벚꽃 가지에
소녀의 보드라운
유방처럼

송송 꽃망울 자리를
잡아가고 있다

꽃망울은 나에게
마음속에 숨겨 놓았던
사랑의 싹을 틔워 보라고 한다

봄 인생의 첫걸음 같이
조심스럽게

목련꽃

입춘이 내일인데
매서운 추위는 가지 않는다
봄에게 자리를
양보하기 싫은가

수락산
응달진 곳에
투명한 유리빛 같은
얼음이 아직도 있는데

목련은
새로운 탄생을
꿈꾸며 눈을 틔운다

고독

왜 하필 너였을까
사랑한다 말 못 하고 가슴에
옹이만 키웠다

아무 일도 없었다고
쓰디쓴 구절초 입에 물고
벙어리처럼 말문을 닫았다

정이 뭐길래
흘러 보내도 고이는 것인가
빈 가슴에 무얼 채우겠다고

하늘만 바라보는지
저무는 바람이 달려와 말을 하려다
그냥 지나가고 마는구나

낙엽

아침에 푸르던 옷이 오후에 꽃물 들더니
저녁엔 남루하게 해져서
길 위에 뒹굴고 있다

이리저리 밟히고 채이면서
가슴 속에 맺힌 한
서리서리 쏟아 놓는다

한때는 젊음이었어라
한때는 사랑이었어라

바람 한 자락 불어와 푸른 날의
속삭임 들려준다면
그리움도 다 잊고 미련도 남기지 않고

가자 가자
휘청거리는 몸짓으로
훌훌 떠나가리라 만추의 옷을

해설

자연사물에 투영한 동심과 사랑, 그리고 인생의 비유

— 장명자 시집 《한때는 사랑이었어라》

공광규
(시인)

1.

생애 첫 시집 《한때는 사랑이었어라》를 출간하는 장명자 시인은 1941년 황해도 해주에서 출생했다. 젊어서는 농림부(현재 농림수산식품부)에서 근무했다. 2009년 시인으로 등단한 그는 동인지 《수락산의 노래》를 공동으로 발간했다. 현재 노원문인협회, 계간문예작가회 등 문단활동을 활발히 하고 있다.

오랫동안 숲해설사와 '실버넷뉴스' 기자를 역임한 시인은 어려서부터 문재가 있었던 것으로 보인다. 그는 〈시인의 말〉에서 국민(초등)학교 3학년(9살) 때부터 친구들을 대신해 국군아저씨에게 보내는 편지를, 친구들을 대신해 써주었고, "소설가가 되고 싶다는 막연한 생각에 밤을 새워 책을 많이 읽었"다고 고백한다.

그의 문학적 재능은 40대에 '크리스천 라이프' 잡지 기자로 발을 들여놓게 했으며, 60대부터 '실버넷 뉴스' 기자로 글 쓰는 일을 계속하게 했다. 이렇게 문장에 재능이 있었던 대부분 문학청년이나 문학소녀들은 생의 많은 부분을 생업에 투신하다가 자기 존재 확인을 위해 문학에 뛰어들기도 한다.

이렇게 글쓰기를 시작해 등단이나 시집 등 자신의 인생을 서정적으로 기록한 책을 발간하면서 성취감을 맛본다. 팔순 중반에 이른 장명자 시인의 경우도 마찬가지다. 장 시인의 등단과 시집 출간은 문학을 꿈꾸는 분들에게 좋은 사례가 될 것이다. 그리고 등단과 시집 발간의 가치는 무형이긴 하지만 보통 사람이 가질 수 없는 측정 불가한 천금만금에 해당할 것이다.

2.

장명자 시인의 창작방법 첫 번째 특징은 자연사물에 동심을 투영하는 것이다. 천부적인 아이의 마음으로 시 창작을 위해 노력하는 시인의 많은 시편들에는 동심이 가득하다. 동심은 신체적 나이와 거의 무관하다. 동시를 쓰는 성인들을 통해 입증할 수 있다. 마음은 무형의 비물질이다. 정신이다. 창작자의 마음과 정신이 천진무구하면 시에 동심이 배어들 것이다.

많은 독자는 이번 시집을 읽어가면서 천진무구한 아이의 목소리를 들을 수 있을 것이다. 시인은 문장에서 아이나 동심을 자주 호명한다. 시 〈굴참나무〉에서는 "여름엔 사랑의 열매 맺어/예쁜 아가 출생"이라며 아가를 출현시킨다. 또 다른 시 〈개구리〉〈애기똥풀〉〈물개바위〉 등에 많은 시편 속에서도 시인의 동심이 자리하고 있음을 확인할 수 있다.

올챙이 아가들
우리 집으로 이사 왔다
뒷다리가 쑤 ~~욱
2주 후 앞다리가 쑤~~욱
잘 먹던 상추를 외면한다

"난 이제 다 컸어요"
뽐내는 것 같다
작은 돌 위에 앉아
푸~~욱 푸~~욱
숨 쉬고 있다

꼬리에 영양분이 있어
개구리가 될 동안
먹이를 먹지 않는다

꼬리가 쏘옥 쏘옥

없어지고 있는

꼬맹이 개구리

이제는 수락산

계곡으로 보내야겠다

- 〈개구리〉 전문

노래와 몸동작으로 어린이는 물론 국민들에게 인지도가 높았던 〈개구리와 올챙이〉를 패러디한 시다. 시인의 동심이 가장 잘 발현되고 있다. 어린이에게 자연과 생태 교육을 오랫동안 해온 시인은 계곡에서 올챙이를 떠다가 집에 두고 관찰하게 된다. 올챙이는 먼저 뒷다리가 나오고 뒷다리가 나온 지 2주 후 앞다리가 나온다. 네 개 다리가 다 나오면 개구리가 된다.

개구리는 올챙이 때 먹던 상추를 더 이상 먹지 않는다. 인간이 유아에서 소년으로 성장하면서 음식을 바꾸어 먹듯 올챙이에서 성장한 개구리도 음식을 바꾸어 먹는 것이다. 이런 올챙이의 변화를 시인은 "난 이제 다 컸어요"라고 한다. 시인은 소년 개구리의 독립선언을 마음으로 받아 읽고 문장으로 적는다.

어린 올챙이는 물속에서 놀지만 소년 개구리는 작은 돌 위에 앉아서 논다. 어른이 되어가면서 꼬리가 없어지는 소년 개구리. 화자는 개구리가 성장해 혼자서도 독립할 만하니 "이제는 계곡으로 보내야겠다"고 한다. 올챙이와 개구리의 생태를 인간의 성장과 나란히 놓고 비유하고 있다.

수락산 올라가면
양쪽 길옆에
노랑꽃이 무리 지어 피어난다

줄기를 자르면
노란 액체가 흐른다
마치 아가들의 응가색 애기똥풀이다

애들아 발라볼까
귀여운 손들이 옹기종기 모여든다

하얀 손톱이
노랗게 물 들여간다

- 〈애기똥풀〉 전문

장명자는 시 〈애기똥풀〉에서도 아이들을 호명한다. 화자는 수락산에 올라가는 길에 무리지어 핀 애기똥풀은 발견한다. 애기똥풀은 산기슭이나 들에서 주로 자생하는 두해살이풀이다. 줄기나 잎에 흰 털이 드물게 나있으며, 줄기를 꺾었을 때 즙이 나온다. 이 즙의 색상이 노랑이거나 주황색이어서 애기똥과 비슷하다.

애기똥풀 이름의 유래는 이 애기 똥 색깔의 누렇고 끈끈한 즙 때문에 붙은 것이다. 들판 어디서나 흔히 볼 수 있는 이 풀은 토양이 심하게 오염된 곳에서도 자라 공해의 지표식물로 분류된다고 한다. 그러나 예로부터 애기똥풀은 민간에 약이 되는 풀로 널리 알려졌다. 주로 무좀, 습진 등 피부병에 사용했고, 항암효과를 가진다는 연구 결과도 있다.

시의 화자도 줄기를 잘라 노란 액체가 흐르는 것을 확인하고, 아가들의 응가색이라고 한다. 아이들과 자연학습 놀이를 하는 화자는 "얘들아 발라볼까" 말을 걸어 호명하며 아이들이 옹기종기 모여들자 귀여운 손톱에 진액을 발라준다.

봄 향기 가득 안은 바람
산새들 아름다운 멜로디에
예쁜 웃음 짓는다

여름 소나기
매끈매끈한 몸매 자랑
다람쥐 청설모
쉼터 내어주고

가을 오색찬란한
단풍으로 왕관 쓰고

산속 친구 모아 잔치 벌인다

- 〈물개바위〉 부분

시의 문장에서 푸릇푸릇한 어린이의 언어와 향기를 맡을 수 있다. 1연에서는 수락산 벽운계곡 숲길을 지나 좁은 돌계단에 올라 물개바위를 만나는 과정을 진술하고 있다. 산새들의 아름다운 멜로디와 예쁜 웃음, 여름 소나기의 매끈한 몸매와 다람쥐, 청설모 등 귀여운 심상의 동물, 가을의 오색찬란한 단풍왕관, 산속의 친구를 모아 잔치를 벌인다는 사물과 사건이 어린아이 언어다.

시인의 언어는 맑고 깨끗하다. 아기나 아이들이 출현하는 장명자의 다른 시들을 읽어가다 보면 시인의 천진무구한 시어와 문장들이 독자의 마음을 맑고 깨끗하게 씻어준다. 시인의 가슴에는 아이의 천진무구가 들어있다.

3.

장명자 시인은 사랑과 행복을 지향하는 시인이다. 많은 시편에서 사랑이나 행복을 언급하고 있다. 이를테면 시 〈암수 매미〉를 비롯해 〈굴참나무〉 〈들꽃 창가〉 〈밤〉 〈그대의가방 속에〉 〈빨간 립스틱 여자〉 〈반딧불 사랑〉 〈찻잔 속의 비〉 〈구름〉 〈사랑하는 이여〉 〈설중매〉 〈사랑이어라〉 〈숲속 숨소리〉 〈수채화 속 그대〉〈달빛〉〈고독〉 등 상당수가 된다.

시 〈코스모스〉는 코스모스 외형의 특징을 묘사 한 뒤 “우리 집 화단 가을이 오면/ 네 허리와 얼굴에/ 입술에 취해 산다”고 진술한다. 시 〈비둘기 한 쌍〉도 두 마리 비둘기의 행위 묘사를 통해 “서로 마주 보고/ 몸도 비비며/ 보석처럼 찬란한 눈빛을 나누며/ 입맞춤을 한다”며 사랑을 비유한다.

시 〈굴참나무〉에서는 사랑과 행복을 사랑의 결과인 열매로 태어나는 아가와 관련시킨다. 시인은 굴참나무의 생태를 사랑과 행복으로 치환한다. 사랑은 아가를 출생시키고, 부드러운 껍질은 안전한 가정과 행복감을 비유한다. 시 〈암수 매미〉는 사랑을 언급한 그의 시편 가운데 절창에 해당한다.

수컷 매미는
입추가 지나면 더 정열적으로 운다

빨리 짝을 만나
이승에서 사랑을 나누고
떠나야 하기 때문에

방충망에 매달린 매미
테너 목소리로
최선을 다해 부르는 세레나데

매미 한 마리
나비처럼 훨훨
테너 목소리 옆으로 살며시 오니

울음소리 뚝
화단에 나가보니
땅에 떨어져 등을 보이고 죽어 있는
수컷 매미

내가 사는 집으로
찾아온 암수 매미는

어쩌면 사랑해서 만나
사랑하다 먼저 떠나간
남편과 나일지도 모른다

- 〈암수 매미〉 전문

입추가 지난 어느 날 화자의 침실 방충망에 달라붙어 우는 매미를 형상한 시다. 매미의 생태적 특성을 인간의 사랑으로 치환하고 있다. 한국에는 13종의 매미가 있다고 한다. 매미는 매미의 울음소리를 본뜬 의성어 '맴'에 접미사 '-이'를 붙여 '맴이>매미'라고 부르고 쓴다. 수컷은 배 아래쪽 윗부분에 발성 기관을 가지고 있어 소리를 내는 것으로 알려졌다.

암컷은 발성 기관이 없어 소리를 내지 않는다고 한다. 대부분의 매미는 빛의 세기에 따라 발성하는데, 수컷 매미의 소리는 거의 종족번식을 위하여 암컷을 불러들이는 것이 목적이다. 여름에 암컷을 찾지 못한 수컷 매미는 입추가 지나면 더 정열적으로 운다. 계절이 가기 전에 "짝을 만나/ 이승에서 사랑을 나누고/ 떠나야 하기 때문"일 것이다.

화자는 수컷 매매의 울음을 "테너 목소리로/ 최선을 다해 부르는 세레나데"로 비유하고 있다. 그리고 그날 밤 수컷 매미가 암컷 매미를 불러 정사를 한 후 다음날 아침 화단에 죽어있는 것을 발견한다. 화자의 진술 의도는 마지막 두 연에 드러난다. 암수 매미가 화자의 집을 찾아온 것은 어쩌면 남편과 자신일지도 모른다는 것이다.

아침에 푸르던 옷이 오후에 꽃물 들더니
저녁엔 남루하게 해져서
길 위에 뒹굴고 있다

이리저리 밟히고 채이면서
가슴속에 맺힌 한
서리서리 쏟아 놓는다

한때는 젊음이었어라
한때는 사랑이었어라

바람 한자락 불어와 푸른 날의
속삭임 들려준다면
그리움도 다 잊고 미련도 남기지 않고

가자 가자
휘청거리는 몸짓으로
훌훌 떠나가리라 만추의 옷을 입고

- 〈낙엽〉 전문

표제 시 〈낙엽〉은 시인의 인생관에 대한 총론이다. 인생론이다. 시 전체가 우리네 인생을 은유하고 있다. 인생은 아침에 푸르던 잎이 저녁에 물들어 햇볕에 빛바랜 나뭇잎과 같다. 젊어서는 아침처럼 싱싱하지만 곧 늙어서 길 위에 뒹구는 남루한 낙엽과 같은 게 인생이다. 세상에서, 나뭇가지에서 버려진 낙엽은 이리저리 사람들의 발길에 채이게 된다.

보통 인간들이 살아가면서 남는 것은 세상에서 얻은 상처가 쌓여 내재된 한일 뿐이다. 돌아보면 젊음도 한 때고 사랑도 한 때였다. 지나간 시간을 되돌릴 수는 없다. 그 누구도 한 때였던 젊음과 사랑의 시절로 돌아갈 수는 없다. 시인은 잡히지 않는,

자나가는 바람이 지난날을 속삭여준다면, 지난 삶에 대한 그리움이나 미련을 잊고 만추의 낙엽처럼 훌훌 세상을 떠나자고 제안한다.

사람은 누구나 다 한 때는 새싹이고 새잎이었으나, 점점 세파의 물이 들어 만추를 맞게 되고, 나뭇가지로부터 세상으로부터 떠나야 한다. 인생을 개관하는 시인의 지혜를 형상한 돋보이는 시다.

다른 시 〈바위 그릇〉은 자연의 절대사랑을 진술한다. 바위틈은 스스로 물을 고이게 해서 이끼들에게 물을 주고, 개미들에게 삶의 터전을 마련해주며, 까마귀와 까치와 산새들에게 물을 마시고 바위에 앉아 햇살과 입맞춤하게 한다. 화자는 이런 바위틈을 "이보다 더 아름다운 사랑/ 큰 그릇이 있을까"하고 반문한다.

이처럼 장명자는 동식물이나 자연 현상 등, 사물을 통해 사랑을 형상한다. 그의 사랑은 시인 개인이나 타인들의 욕망은 물론, 인생과 자연과 우주를 아우르는 큰 사랑까지 포괄한다. 자연과 생태를 큰 가슴으로 안는 우주만한 모성이다.

4.

장명자 시의 제목과 문장에는 조수초목이 많이 등장한다. 인류 문학사에서 조수초목은 전통적인 시의 제재다. 시인이 시에 빈번하게 수용한 조수초목 제재는 아마 시인이 오랜 기간 활동

한 숲해설사 역할과 관련될 것이다. 시인은 도시에 생활 근거를 두고 수십 년을 살고 있다. 그러나 상당수의 시들은 자연을 이루는 조수초목에서 발아시켜 형상한 것들이다.

이를테면 〈굴참나무〉 〈코스모스〉 〈나를 지켜보고 있다〉 〈비둘기 한 쌍〉 등 다수다. 특히 시 〈굴참나무〉는 굴참나무의 식물학적 특성을 자세히 묘사한다.

> 구름과 손잡고 논다고
> 키 자랑하는 너
> 잎은 계란형 서로 어긋나게 태어나지
>
> 봄엔 새로운 가지로
> 수꽃은 어린 가지 밑으로
> 암꽃은 겨드랑이에 붙어 위를 보고 있지
>
> \- 〈굴참나무〉 부분

> 나무들이 줄지어
> 환영의 손짓 한다
>
> 어쩌다 힘들게 남아 있는
> 단풍으로 물든 잎 새
>
> \- 〈나를 지켜본다〉 부분

굴참나무는 우리나라 산림에서 가장 키가 큰 수종에 속한다. 그러므로 굴참나무는 하늘과 가장 가까이 있는 나무가 된다. 때문에 시인은 굴참나무를 구름과 손잡고 놀 수 있는 나무로 상상한다. 큰 키와 어긋나는 계란형 잎, 봄에 새로운 가지를 내고 수꽃과 암꽃의 위치와 방향 등 굴참나무 생태에 대한 묘사가 섬세하다.

또 구체적 나무 이름을 제시하지 않고 있는 시 〈나를 지켜본다〉에는 여러 수목을 '나무들'로 복수화해서 진술하고 있다. 수락산에서 화자에게 손짓으로 환영하는 나무들, 그 가운데 물든 단풍을 통해 화자는 "그 속에/ 내 그리움이 담겨있다// 먼 하늘에서/ 남편이 웃으며 지켜본다"고 한다. 단풍이 든 나무를 통해 하늘에 있는 고인인 된 남편을 환기하고 있다.

시 〈봄밤〉에서는 화자가 하루 일과를 끝내고 돌아가는 길에 떨어진 나뭇잎을 보고 "낙엽이 몸부림치며/ 떠나가기를 거부하듯/ 슬픈 소리로 울고 있다"며 봄날 밤의 슬픔을 낙엽에 투영하고 있다.

하계동 복지관 가는 길 화단
눈이 내린 듯
설악초 한 무더기 자라고 있다

꽃이면서도

꽃이 아닌 것처럼 보이는

순수함이 묻어나는
여름에 볼 수 있는
설악초

꽃이 피면
서서히 가을을 선물한다

- 〈설악초〉 전문

시인은 복지관 화단에서 눈 내린 듯 흰 설악초 무더기를 발견한다. 꽃마저 하얘서 이름이 설악초, 여기서 꽃 이름을 가져왔을 것이다. 실제 영어이름도 'snow-on-the-mountain')라고 한다. 시 〈설악초〉는 단아하다. 마치 시인의 인격을 닮은 듯 단순 담백하다. 눈이 산능성이를 덮고 있는 설악산 풍경을 떠올리게 하는 설악초雪嶽草는 대극과에 속하는 한해살이풀이다.

요즘 학교나 관공서 정원에서 많이 볼 수 있다. 회녹색의 잎이 나는데 가장자리가 흰색 테두리를 친 듯 하얗다. 다른 시에서 장명자는 시에 풀과 나무의 이름을 구체적으로 제시하지 않고 풀과 나무의 존재를 암시하기도 한다. 이를테면 시 〈밤〉에서는 "풀 향기 풀풀 나는"이라고 표현하고, 시 〈그대의 가방 속에〉서는 "연초록 잎이 춤을 춘다"고 하는 식이다.

장명자는 사계절의 초목을 시의 제재로 수용하기도 한다. 시 〈봄 여름 가을 겨울〉의 경우가 그렇다.

봄 살구꽃 예쁘고
길모퉁이 양지쪽에
올망졸망 보라색 남산제비꽃

여름 나리꽃 산딸기 찔레꽃
등산로 초입엔 초롱꽃 향기 날리고
산수국도 무리 지어 피어나고

가을 찬 공기 싣고
바람 부는 언덕
산등성에 단풍잎을 바라보며 피는 국화

겨울 앙상한 나무 가지에
하얀 이팝나무가
활짝 피어난다

- 〈봄 여름 가을 겨울〉 부분

이 시는 사계절에 꽃으로 피거나 물드는 대표적인 초목을 동원시켜 시로 구성하고 있다. 등장하는 초목을 열거해보면 살구꽃과 남산제비꽃, 나리꽃, 산딸기, 찔레꽃, 초롱꽃, 산수국, 단풍나무 잎, 국화, 이팝나무 등이다. 이렇게 "계절 따라 피는/ 꽃과 나무는/ 벌과 나비와 산새들을 초대한다"다. 자기 자리를 떠나지 않고 꽃이 피고 지며 성장하는 초목과 이동 가능한 곤충이나 조류를 상응시키고 있다.

시 〈들꽃 찬가〉는 식물과 곤충을 상응시키고 있다. 시인은 고속도로에서 "들 꽃/ 화려하고 예쁜 전등 불빛에/ 나방이처럼/ 빨려 들어간 곳"을 발견한다. 또 시에 새나 곤충 등 동물만 출현시키기도 하는데, 〈산새의 쉼터〉에서는 '산새', 〈반딧불 사랑〉에서는 '반딧불', 〈돈벌레〉에서는 '돈벌레' 같은 경우다. 시 〈명자꽃〉에서는 산수유와 명자꽃 등 구체적인 꽃 이름을 사용하기도 하지만, 다른 시에서는 포괄적인 '꽃'으로 진술하기도 한다.

5.

시를 통해 자아를 구성하고 있는 장명자의 시들을 살펴보았다. 팔순 중반에 이른 그의 시 특징은 사물과 사건에 대한 동심의 투영과 사랑과 행복의 지향, 그리고 조수초목을 제재로 채택해 자신의 심정을 의탁하는 것으로 정리할 수 있다.

어느 시는 어른의 때가 묻지 않은 천진한 아이의 마음이 오롯이 들어있는 동시 느낌이 들기도 한다. 어느 시는 젊은 혼전의 아가씨처럼 사랑과 행복을 이야기한다. 많은 시들은 조수초목을 동원해 조수와 초목이 어울리는 자연과 화기애애한 생태를 진술한다. 그러나 어느 시에서는 인생의 석양에 느끼는 감회와 슬픔이 독자의 가슴을 저미게 한다.

낡은 사진첩을 정리하며, 벌써 60이 된 아이의 유치원 때 찍은 빛바랜 사진을 보고 스스로 안도하기도 하며(〈사진첩을 정리하며〉), 배우자를 먼저 보내고 "혼자서 못 살 것 같았던/ 나날"을 잘 버티던 시인은 떨어지는 빗방울을 보면서 "잿빛 하늘이 울고 있어요/ 사랑하는 이/ 보고싶어"라고 절규하기도 한다.(〈삶〉)

또 "비에 젖은 마음"을 달래며 맥주 한 잔을 마시다 "내 옆에 아무도 없어/ 엉엉 울고 있는 나"를 발견하고는 "지갑 속에 간직한" 멋진 얼굴로 웃고 있는 가신 님의 사진을 꺼내보기도 한다.(〈내 옆에 아무도 없어〉) 이렇게 잘 큰 아이들이나 이미 저 세상에 먼저 보낸 배우자에 대한 지극한 그리움과 사랑이 서정적 문장을 통해 독자의 가슴을 에이 게 한다.

사실을 기술하는 잡지 기사 등 실용적 글쓰기와 자기 체험을 고백하는 문학적 글쓰기는 다르다. 실용적 글쓰기는 어느 정도 생계에 필요한 돈과 사회적 권력과 명예를 가져다 줄 기회를 얻을 수 있다. 그러나 문학적 글쓰기로는 돈과 명예를 얻기가 매우 어렵다. 다시 말해 문학적 글쓰기는 자기 존재를 확인하는 작업에 불과하다.

그러나 자기 존재를 확인하는 문학적 글쓰기, 특히 자기고백의 양식인 시 쓰기는 자신의 응어리진 삶의 무게를 해소하고, 자유와 행복을 증진하고 고양시키는데 효과가 있다는 것이 이미 여러 임상을 통해 역사적으로 증명되었다. 장명자의 시를 많은 독자들이 만나 잠시나마 영혼의 자유와 행복을 얻기를 바란다.

계간문예시인선 218

장명자 시집 _ 한때는 사랑이었어라

초판 인쇄 2025년 6월 25일
초판 발행 2025년 6월 30일

지 은 이 장명자
회 장 서정환
발 행 인 정종명
편집주간 차윤옥

펴 낸 곳 도서출판 계간문예
주 소 03132 서울 종로구 삼일대로 30길 21 종로오피스텔 1209호
전 화 (02) 3675-5633 팩스 (02) 766-4052
이 메 일 munin5633@naver.com
홈페이지 http://cafe.daum.net/quarterly2015
등 록 2005년 3월 9일 제300-2005-34호
연 락 처 03132 서울 종로구 삼일대로 32길 36 운현신화타워 305호
인 쇄 54991 전북 전주시 완산구 공북1길 16, 신아출판사
ISBN 978-89-6554-317-6 04810
ISBN 978-89-6554-118-9 (세트)

값 12,000원

이 시집은 한국예술인복지재단에서 창작지원금을 받아 출간하였습니다.